中华人民共和国
中小企业促进法

中国法制出版社

中华人民共和国中小企业促进法
ZHONGHUARENMINGONGHEGUO ZHONGXIAOQIYE CUJINFA

经销/新华书店
印刷/北京海纳百川印刷有限公司
开本/850 毫米×1168 毫米　32 开　　印张/1　字数/13 千
版次/2017 年 9 月第 1 版　　2019 年 7 月第 3 次印刷

中国法制出版社出版
书号 ISBN 978-7-5093-8791-7　　定价：4.00 元

北京西单横二条 2 号　　值班电话：66026508
邮政编码 100031　　传真：66031119
网址：http：//www.zgfzs.com　　编辑部电话：66066621
市场营销部电话：66033393　　邮购部电话：66033288

（如有印装质量问题，请与本社编务印务管理部联系调换。电话：010-66032926）

目　录

中华人民共和国主席令

第七十四号

《中华人民共和国中小企业促进法》已由中华人民共和国第十二届全国人民代表大会常务委员会第二十九次会议于 2017 年 9 月 1 日修订通过，现将修订后的《中华人民共和国中小企业促进法》公布，自 2018 年 1 月 1 日起施行。

中华人民共和国主席　**习近平**

2017 年 9 月 1 日

中华人民共和国中小企业促进法

（2002年6月29日第九届全国人民代表大会常务委员会第二十八次会议通过　2017年9月1日第十二届全国人民代表大会常务委员会第二十九次会议修订）

目　录

第一章　总　　则

第一条　为了改善中小企业经营环境，保障中小企业公平参与市场竞争，维护中小企业合法权益，支持中小企业创业创新，促进中小企业健康发展，扩大城乡就业，发挥中小企业在国民经济和社会发展中的重要作用，制定本法。

第二条　本法所称中小企业，是指在中华人民共和国境内依法设立的，人员规模、经营规模相对较小的企业，包括中型企业、小型企业和微型企业。

中型企业、小型企业和微型企业划分标准由国务院负责中小企业促进工作综合管理的部门会同国务院有关部门，根据企业从业人员、营业收入、资产总额等指标，结合行业特点制定，报国务院批准。

第三条　国家将促进中小企业发展作为长期发展战略，坚持各类企业权利平等、机会平等、规则平等，对中小企业特别是其中的小型微型企业实行积极扶持、加强引导、完善服务、依法规范、保障权益的方针，为中小企业创立和发展创造有利的环境。

第四条　中小企业应当依法经营，遵守国家劳动用工、安全生产、职业卫生、社会保障、资源环境、质量标准、知识产权、财政税收等方面的法律、法规，遵循诚信原则，规范内部管理，提高经营管理水平；不得损害劳动者合法权益，不得损害社会公共利益。

第五条 国务院制定促进中小企业发展政策，建立中小企业促进工作协调机制，统筹全国中小企业促进工作。

国务院负责中小企业促进工作综合管理的部门组织实施促进中小企业发展政策，对中小企业促进工作进行宏观指导、综合协调和监督检查。

国务院有关部门根据国家促进中小企业发展政策，在各自职责范围内负责中小企业促进工作。

县级以上地方各级人民政府根据实际情况建立中小企业促进工作协调机制，明确相应的负责中小企业促进工作综合管理的部门，负责本行政区域内的中小企业促进工作。

第六条 国家建立中小企业统计监测制度。统计部门应当加强对中小企业的统计调查和监测分析，定期发布有关信息。

第七条 国家推进中小企业信用制度建设，建立社会化的信用信息征集与评价体系，实现中小企业信用信息查询、交流和共享的社会化。

第二章 财税支持

第八条 中央财政应当在本级预算中设立中小企业科

目，安排中小企业发展专项资金。

县级以上地方各级人民政府应当根据实际情况，在本级财政预算中安排中小企业发展专项资金。

第九条 中小企业发展专项资金通过资助、购买服务、奖励等方式，重点用于支持中小企业公共服务体系和融资服务体系建设。

中小企业发展专项资金向小型微型企业倾斜，资金管理使用坚持公开、透明的原则，实行预算绩效管理。

第十条 国家设立中小企业发展基金。国家中小企业发展基金应当遵循政策性导向和市场化运作原则，主要用于引导和带动社会资金支持初创期中小企业，促进创业创新。

县级以上地方各级人民政府可以设立中小企业发展基金。

中小企业发展基金的设立和使用管理办法由国务院规定。

第十一条 国家实行有利于小型微型企业发展的税收政策，对符合条件的小型微型企业按照规定实行缓征、减征、免征企业所得税、增值税等措施，简化税收征管程序，减轻小型微型企业税收负担。

第十二条 国家对小型微型企业行政事业性收费实行减免等优惠政策，减轻小型微型企业负担。

第三章 融资促进

第十三条 金融机构应当发挥服务实体经济的功能，高效、公平地服务中小企业。

第十四条 中国人民银行应当综合运用货币政策工具，鼓励和引导金融机构加大对小型微型企业的信贷支持，改善小型微型企业融资环境。

第十五条 国务院银行业监督管理机构对金融机构开展小型微型企业金融服务应当制定差异化监管政策，采取合理提高小型微型企业不良贷款容忍度等措施，引导金融机构增加小型微型企业融资规模和比重，提高金融服务水平。

第十六条 国家鼓励各类金融机构开发和提供适合中小企业特点的金融产品和服务。

国家政策性金融机构应当在其业务经营范围内，采取多种形式，为中小企业提供金融服务。

第十七条 国家推进和支持普惠金融体系建设，推动中小银行、非存款类放贷机构和互联网金融有序健康发展，引导银行业金融机构向县域和乡镇等小型微型企业金融服务薄弱地区延伸网点和业务。

国有大型商业银行应当设立普惠金融机构，为小型微型企业提供金融服务。国家推动其他银行业金融机构设立小型微型企业金融服务专营机构。

地区性中小银行应当积极为其所在地的小型微型企业提供金融服务，促进实体经济发展。

第十八条 国家健全多层次资本市场体系，多渠道推动股权融资，发展并规范债券市场，促进中小企业利用多种方式直接融资。

第十九条 国家完善担保融资制度，支持金融机构为中小企业提供以应收账款、知识产权、存货、机器设备等为担保品的担保融资。

第二十条 中小企业以应收账款申请担保融资时，其应收账款的付款方，应当及时确认债权债务关系，支持中小企业融资。

国家鼓励中小企业及付款方通过应收账款融资服务平台确认债权债务关系，提高融资效率，降低融资成本。

第二十一条 县级以上人民政府应当建立中小企业政策性信用担保体系，鼓励各类担保机构为中小企业融资提供信用担保。

第二十二条 国家推动保险机构开展中小企业贷款保证保险和信用保险业务，开发适应中小企业分散风险、补偿损失需求的保险产品。

第二十三条 国家支持征信机构发展针对中小企业融资的征信产品和服务，依法向政府有关部门、公用事业单位和商业机构采集信息。

国家鼓励第三方评级机构开展中小企业评级服务。

第四章 创业扶持

第二十四条 县级以上人民政府及其有关部门应当通过政府网站、宣传资料等形式，为创业人员免费提供工商、财税、金融、环境保护、安全生产、劳动用工、社会保障等方面的法律政策咨询和公共信息服务。

第二十五条 高等学校毕业生、退役军人和失业人员、残疾人员等创办小型微型企业，按照国家规定享受税收优惠和收费减免。

第二十六条 国家采取措施支持社会资金参与投资中小企业。创业投资企业和个人投资者投资初创期科技创新企业的，按照国家规定享受税收优惠。

第二十七条 国家改善企业创业环境，优化审批流程，实现中小企业行政许可便捷，降低中小企业设立成本。

第二十八条 国家鼓励建设和创办小型微型企业创业基地、孵化基地，为小型微型企业提供生产经营场地和服务。

第二十九条 地方各级人民政府应当根据中小企业发展的需要，在城乡规划中安排必要的用地和设施，为中小企业获得生产经营场所提供便利。

国家支持利用闲置的商业用房、工业厂房、企业库房和物流设施等，为创业者提供低成本生产经营场所。

第三十条 国家鼓励互联网平台向中小企业开放技术、开发、营销、推广等资源，加强资源共享与合作，为中小企业创业提供服务。

第三十一条 国家简化中小企业注销登记程序，实现中小企业市场退出便利化。

第五章 创新支持

第三十二条 国家鼓励中小企业按照市场需求，推进技术、产品、管理模式、商业模式等创新。

中小企业的固定资产由于技术进步等原因，确需加速折旧的，可以依法缩短折旧年限或者采取加速折旧方法。

国家完善中小企业研究开发费用加计扣除政策，支持中小企业技术创新。

第三十三条 国家支持中小企业在研发设计、生产制造、运营管理等环节应用互联网、云计算、大数据、人工智能等现代技术手段，创新生产方式，提高生产经营效率。

第三十四条 国家鼓励中小企业参与产业关键共性技术研究开发和利用财政资金设立的科研项目实施。

国家推动军民融合深度发展，支持中小企业参与国防科研和生产活动。

国家支持中小企业及中小企业的有关行业组织参与标准的制定。

第三十五条 国家鼓励中小企业研究开发拥有自主知识产权的技术和产品，规范内部知识产权管理，提升保护和运用知识产权的能力；鼓励中小企业投保知识产权保险；减轻中小企业申请和维持知识产权的费用等负担。

第三十六条 县级以上人民政府有关部门应当在规划、用地、财政等方面提供支持，推动建立和发展各类创新服务机构。

国家鼓励各类创新服务机构为中小企业提供技术信息、研发设计与应用、质量标准、实验试验、检验检测、技术转让、技术培训等服务，促进科技成果转化，推动企业技术、产品升级。

第三十七条 县级以上人民政府有关部门应当拓宽渠道，采取补贴、培训等措施，引导高等学校毕业生到中小企业就业，帮助中小企业引进创新人才。

国家鼓励科研机构、高等学校和大型企业等创造条件向中小企业开放试验设施，开展技术研发与合作，帮助中小企业开发新产品，培养专业人才。

国家鼓励科研机构、高等学校支持本单位的科技人员以兼职、挂职、参与项目合作等形式到中小企业从事产学研合作和科技成果转化活动，并按照国家有关规定取得相应报酬。

第六章 市场开拓

第三十八条 国家完善市场体系，实行统一的市场准入和市场监管制度，反对垄断和不正当竞争，营造中小企业公平参与竞争的市场环境。

第三十九条 国家支持大型企业与中小企业建立以市场配置资源为基础的、稳定的原材料供应、生产、销售、服务外包、技术开发和技术改造等方面的协作关系，带动和促进中小企业发展。

第四十条 国务院有关部门应当制定中小企业政府采购的相关优惠政策，通过制定采购需求标准、预留采购份额、价格评审优惠、优先采购等措施，提高中小企业在政府采购中的份额。

向中小企业预留的采购份额应当占本部门年度政府采购项目预算总额的百分之三十以上；其中，预留给小型微型企业的比例不低于百分之六十。中小企业无法提供的商品和服务除外。

政府采购不得在企业股权结构、经营年限、经营规模和财务指标等方面对中小企业实行差别待遇或者歧视待遇。

政府采购部门应当在政府采购监督管理部门指定的媒体上及时向社会公开发布采购信息，为中小企业获得政府采购合同提供指导和服务。

第四十一条 县级以上人民政府有关部门应当在法律咨询、知识产权保护、技术性贸易措施、产品认证等方面为中小企业产品和服务出口提供指导和帮助，推动对外经济技术合作与交流。

国家有关政策性金融机构应当通过开展进出口信贷、出口信用保险等业务，支持中小企业开拓境外市场。

第四十二条 县级以上人民政府有关部门应当为中小企业提供用汇、人员出入境等方面的便利，支持中小企业到境外投资，开拓国际市场。

第七章　服务措施

第四十三条 国家建立健全社会化的中小企业公共服务体系，为中小企业提供服务。

第四十四条 县级以上地方各级人民政府应当根据实际需要建立和完善中小企业公共服务机构，为中小企业提供公益性服务。

第四十五条 县级以上人民政府负责中小企业促进工作综合管理的部门应当建立跨部门的政策信息互联网发布平台，及时汇集涉及中小企业的法律法规、创业、创新、金融、市场、权益保护等各类政府服务信息，为中小企业提供便捷无偿服务。

第四十六条 国家鼓励各类服务机构为中小企业提供创业培训与辅导、知识产权保护、管理咨询、信息咨询、信用服务、市场营销、项目开发、投资融资、财会税务、产权交易、技术支持、人才引进、对外合作、展览展销、法律咨询等服务。

第四十七条 县级以上人民政府负责中小企业促进工作综合管理的部门应当安排资金，有计划地组织实施中小企业经营管理人员培训。

第四十八条 国家支持有关机构、高等学校开展针对中小企业经营管理及生产技术等方面的人员培训，提高企业营销、管理和技术水平。

国家支持高等学校、职业教育院校和各类职业技能培训机构与中小企业合作共建实习实践基地，支持职业教育院校教师和中小企业技术人才双向交流，创新中小企业人才培养模式。

第四十九条 中小企业的有关行业组织应当依法维护会员的合法权益，反映会员诉求，加强自律管理，为中小企业创业创新、开拓市场等提供服务。

第八章 权益保护

第五十条 国家保护中小企业及其出资人的财产权和其他合法权益。任何单位和个人不得侵犯中小企业财产及其合法收益。

第五十一条 县级以上人民政府负责中小企业促进工作综合管理的部门应当建立专门渠道，听取中小企业对政府相关管理工作的意见和建议，并及时向有关部门反馈，督促改进。

县级以上地方各级人民政府有关部门和有关行业组织应当公布联系方式，受理中小企业的投诉、举报，并在规定的时间内予以调查、处理。

第五十二条 地方各级人民政府应当依法实施行政许可，依法开展管理工作，不得实施没有法律、法规依据的检查，不得强制或者变相强制中小企业参加考核、评比、表彰、培训等活动。

第五十三条 国家机关、事业单位和大型企业不得违约拖欠中小企业的货物、工程、服务款项。

中小企业有权要求拖欠方支付拖欠款并要求对拖欠造成的损失进行赔偿。

第五十四条 任何单位不得违反法律、法规向中小企业收取费用，不得实施没有法律、法规依据的罚款，不得向中小企业摊派财物。中小企业对违反上述规定的行为有权拒绝和举报、控告。

第五十五条 国家建立和实施涉企行政事业性收费目录清单制度，收费目录清单及其实施情况向社会公开，接受社会监督。

任何单位不得对中小企业执行目录清单之外的行政事业性收费，不得对中小企业擅自提高收费标准、扩大收费范围；严禁以各种方式强制中小企业赞助捐赠、订购报刊、加入社团、接受指定服务；严禁行业组织依靠代行政府职能或者利用行政资源擅自设立收费项目、提高收费标准。

第五十六条 县级以上地方各级人民政府有关部门对中小企业实施监督检查应当依法进行，建立随机抽查机制。同一部门对中小企业实施的多项监督检查能够合并进行的，应当合并进行；不同部门对中小企业实施的多项监督检查能够合并完成的，由本级人民政府组织有关部门实施合并或者联合检查。

第九章 监督检查

第五十七条 县级以上人民政府定期组织对中小企业促进工作情况的监督检查；对违反本法的行为及时予以纠正，并对直接负责的主管人员和其他直接责任人员依法给予处分。

第五十八条 国务院负责中小企业促进工作综合管理的部门应当委托第三方机构定期开展中小企业发展环境评估，并向社会公布。

地方各级人民政府可以根据实际情况委托第三方机构

开展中小企业发展环境评估。

第五十九条 县级以上人民政府应当定期组织开展对中小企业发展专项资金、中小企业发展基金使用效果的企业评价、社会评价和资金使用动态评估，并将评价和评估情况及时向社会公布，接受社会监督。

县级以上人民政府有关部门在各自职责范围内，对中小企业发展专项资金、中小企业发展基金的管理和使用情况进行监督，对截留、挤占、挪用、侵占、贪污中小企业发展专项资金、中小企业发展基金等行为依法进行查处，并对直接负责的主管人员和其他直接责任人员依法给予处分；构成犯罪的，依法追究刑事责任。

第六十条 县级以上地方各级人民政府有关部门在各自职责范围内，对强制或者变相强制中小企业参加考核、评比、表彰、培训等活动的行为，违法向中小企业收费、罚款、摊派财物的行为，以及其他侵犯中小企业合法权益的行为进行查处，并对直接负责的主管人员和其他直接责任人员依法给予处分。

第十章　附　　则

第六十一条 本法自 2018 年 1 月 1 日起施行。

关于《中华人民共和国中小企业促进法（修订草案）》的说明

——2016 年 10 月 31 日在第十二届全国人民代表大会常务委员会第二十四次会议上

全国人大财政经济委员会副主任委员　乌日图

委员长、各位副委员长、秘书长、各位委员：

受全国人大财政经济委员会委托，我就《中华人民共和国中小企业促进法（修订草案）》（以下简称修订草案）作以下说明。

一、修改的必要性和起草工作基本情况

《中华人民共和国中小企业促进法》自 2003 年实施以来，在改善中小企业发展环境，促进中小企业发展方面发挥了积极作用。据统计，截至 2015 年底，全国工商登记企业 2185.82 万户，其中绝大部分是中小企业（在工业中，中小企业占 99.6%）。中小企业是社会主义市场经济的重要组成部分，在促进经济增长、增加社会就业、推动技术创新和保障社会稳定等方面具有不可替代的作用，对国民经济和社会发展具有重要的战略意义。同时也要看到，多数中小企业产业层次较低、科技水平不高、抵御外部风险能力较弱。特别是近年来受经济下行压力影响，中小企业普遍面临生产成本上升、盈利水平下降等问题，生存与发展的压力不断加大。全国人大常委会十分重视中小企业发展促进工作，2009 年专门听取和审议了国务院关于促进中小企业发展情况的专项工作报告，2011 年至 2012 年开展了中小企业促进法立法后评估工作，认为现行法律某些方面已经不适应进一步促进中小企业发展的实际需要，扶持政策不够具体，操作性不强等，应针对中小企业面临的新情况和新问题作出修改完善，为中小企业特别是小微企业创造更为有利的法制环境。

根据全国人大常委会的立法工作安排，全国人大财政经济委员会于 2014 年 1 月牵头成立由工业和信息化部、发展改革委、财政部等十四个部委参加的中小企业促进法（修订）起草组。两年多来，起草组主要开展了以下工作。一是通过网络向社会公开征集法律修改意见建议，分析整理了制约中小企业发展的突出问题和对中小企业促进法的主要意见。二是邀请部分专家学者、企业负责人、部分省市中小企业部门负责人作为顾问小组成员，就有关立法问题征询意见和建议。三是多次赴地方就中小企业税费负担、融资环境、公共服务、劳动用工等情况深入开展调研，广泛听取全国人大代表、地方政府、中小企业代表等的意见。四是研究参考了美、日、欧等国家和地区有关促进中小企业发展的法律和政策，吸收借鉴国际经验。在上述工作基础上，起草组多次进行专题研究论证，经过反复修改，2016 年 4 月 19 日，全国人大财政经济委员会第 44 次全体会议审议并原则通过了修订草案，5 月初报全国人大常委会办公厅发函征求国务院意见。8 月上旬收到国务院办公厅的反馈意见后，进一步对修订草案做了修改完善。

二、修订把握的主要原则和重点

一是发挥市场决定性作用，强化政府扶持力度。法律修改要贯彻落实党的十八大和十八届三中、四中、五中全会精神，体现全面深化改革的要求，正确处理政府与市场、国家与企业的关系，正确处理扶持中小企业与维护市场公平原则的关系，正确处理扶持中小企业与中小企业规范发展的关系。为此，修订草案一方面对简政放权，特别是规范行政许可事项、实现行政许可便捷化、减轻企业负担、简化小型微型企业税收征管程序和注销登记程序等方面做了明确规定，为中小企业发展创造良好环境；同时针对中小企业特别是小型微型企业在市场竞争中的弱势地位和发展中面临的困难和问题，进一步强化各级政府提供政策支持、营造公平环境、加强服务保障的作用；另一方面规定中小企业应当遵守法律、法规，依法经营，恪守诚实信用原则，规范企业管理，保障劳动者合法权益，维护社会公共利益。

二是将近年来行之有效的政策上升为法律，既注重解决当前困难，也着力于长期性制度建设。近年来，党中央、国务院陆续出台了《关于鼓励支持和引导个体私营等非公有制经济发展的若干意见》、《关于进一步支持小型微型企业健康发展的意见》等一系列相关文件。起草组全面梳理了党中央、国务院及各部门和各地出台的促进中小企业发展的政策措施，将实践中行之有效的政策措施加以归纳、提炼，形成法律条文。修订草案既立足于解决中小企业当前面临的困难，同时也考虑到一些制约中小企业发展的根本性和长远性问题，着力加强制度建设，一是规定国家将促进中小企业发展作为长期发展战略，各级政府要切实履行促进中小企业发展的职责；二是规定国家实行统一的市场准入制度和市场监管，取消各类地方保护，依法查处垄断和不正当竞争行为，实现各类企业权利平等、机会平等、规则平等，营造中小企业公平竞争市场环境；三是建立中小企业维权服务机制，明确中小企业维权服务机构和中小企业自律组织在企业维权方面的定位和职责。

三是突出重点，增强法律的操作性。修订草案针对当前存在的突出问题，在权益保护、融资支持、创业创新、公共服务等方面增加了新的内容，对有关条款做了进一步补充、细化和完善，增强法律的可操作性。促进中小企业发展，重点是小型微型企业，修订草案明确提出微型企业的概念，要求国务院中小企业促进工作综合协调部门牵头制定中型、小型和微型企业的划分标准，同时在相关促进措施和制度安排上向小型微型企业倾斜，明确专项资金安排、中小企业发展基金使用、融资支持、创业创新支持、社会服务等政策的实施对象主要是小型微型企业，进一步突出扶持重点。为了加强法律的执行力度，修订草案增加了监督检查方面的内容，明确责任追究，确保法律规定落到实处。

三、修订草案基本框架和主要内容

修订草案将现行法律由 7 章扩展为 10 章，由 45 条增加为 62 条。主要有以下考虑：一是现行法律第二章“资金支持”主要是财税和金融支持，但规定都比较原则，目前国家对中小企业财税和金融方面的扶持政策更加成熟和具体，为进一步增强这方面的支持导向和内容，将原第二章“资金支持”拆分为“财税支持”和“融资促进”两章。二是实践中关于营造公平的市场秩序、增强中小企业权益保障的呼声和要求很高，为此增加了第八章“权益保护”章节。三是将原第四章“技术创新”更名为“创新支持”，对第四、第五和第六章有关内容作了修改，以更好地体现改善中小企业经营环境，保障中小企业公平参与市场竞争，推动中小企业创业和创新的立法宗旨。四是为了加强法律执行情况监督检查，保障法律的有效实施，增加第九章“监督检查”章节。这次修改的重点内容有以下七个方面：

（一）关于中小企业发展促进工作机制

各方面普遍反映，中小企业促进工作政策性强，涉及面广，迫切需要强有力的组织领导和综合协调。现行法律规定由国务院负责企业工作的部门对全国中小企业工作进行综合协调、指导和服务。随着政府机构改革和职能调整，负责企业工作的政府部门分散，法律实施责任主体界定不清，易导致政策零散、职能弱化、交叉和缺位等现象，不利于法律实施。综合考虑各方面意见，修订草案规定由国务院中小企业促进工作综合协调部门，牵头组织实施国家中小企业政策，对全国中小企业发展促进工作进行综合协调、监督检查和指导服务，以加强对中小企业工作的组织领导。

（二）关于融资促进

各方面特别是广大企业反映，“融资难”依旧是制约中小企业发展的主要因素之一。在网络调查中，43%的受访者反映存在融资难问题，排在突出问题的第一位。能够获得融资的中小企业，也存在融资成本过高的问题。多数意见认为，现行促进法对中小企业融资方面的支持规定较为原则、缺乏可操作性，建议进一步充实、细化。为此，修订草案从加强金融基础设施建设、推进普惠金融服务、完善金融组织体系、构建专业化经营与差异化考核体系、创新金融服务和担保方式、大力发展直接融资和多层次资本市场、建立社会化的信用信息征集与评价体系等方面作出一系列具体规定，加强对中小企业特别是小型微型企业的融资支持。新增加的内容主要包括：一是要求银行业监督管理机构对金融机构开展小型微型企业金融服务实行差异化监管；二是推动中小银行、非存款类放贷机构和互联网金融有序健康发展；三是政策性金融机构应当采取多种形式为中小企业提供金融服务；四是多渠道推动股权融资，发展并规范债券市场，促进中小企业利用多种方式直接融资；五是提出推动建立全国统一的动产融资登记互联网公示系统，支持金融机构为中小企业提供动产担保融资；六是中小企业以应收账款申请动产担保融资时，其应收账款的付款方，包括各级政府采购人、工程建设项目的中标人、大型企业，应当确认债权债务关系，支持中小企业融资；七是鼓励征信机构发展针对中小企业融资的征信产品和服务，依法向各级政府相关部门、公用事业单位和商业机构采集信息。

（三）关于权益保护和减轻企业负担

许多中小企业反映自身权益得不到有效保护，面临着负担重、维权难的问题。一是来自行政机关的各类检查、评比多，行政审批事项流程繁琐，存在乱收费、摊派现象，干扰了企业正常生产经营，增加了企业负担；二是一些大企业滥用市场支配地位，长期拖欠中小企业大量资金，导致中小企业销售回款难；三是缺乏正规有效的维权渠道维护自身的合法权益，维权成本过高。为此，修订草案在总则中明确规定：各级人民政府应当规范行政许可事项，依法开展管理工作，取消没有法律、法规依据的检查、评比等行政行为。同时，修订草案在专设的“权益保护”一章中规定，一是国家保护中小企业及其出资人的合法权益；保护中小企业依法平等使用生产要素、公平参与市场竞争和同等受到法律保护的权利；二是规范涉企收费、现场检查等行政行为，建立和实施涉企行政事业性收费目录清单制度，任何单位不得执行目录清单之外的行政事业性收费，国家对微型企业行政事业性收费实行优惠政策；严禁行业协会、商会依靠代行政府职能或利用行政资源擅自设立收费项目、提高收费标准；三是建立专门针对中小企业的维权渠道和维权机制，明确规定各级人民政府或者有关协会、商会中小企业维权服务机构向中小企业提供维权服务等公共服务。

针对一些大企业以及政府部门拖欠中小企业资金这一突出问题，修订草案规定：政府部门和大型企业不得违约拖欠中小企业的货物、工程和服务款项；中小企业有权要求拖欠方支付拖欠款并要求对拖欠造成的损害进行赔偿；中小企业可以就拖欠资金问题向中小企业维权服务机构申请协助。

（四）关于中小企业发展专项资金和中小企业发展基金

现行法律规定国家设立中小企业发展专项资金和中小企业发展基金。法律实施以来，中小企业发展专项资金增长很快，并发挥了很大作用。修订草案总结近年来实践经验，进一步规范了专项资金的管理和使用，明确重点用于支持改善中小企业发展环境，促进中小企业公共服务体系和服务平台建设；专项资金向小型微型企业倾斜，资金管理使用坚持公开、透明的原则，实行预算绩效管理。但是，中小企业发展基金多年来一直未落实。2015 年 9 月国务院发布了设立国家中小企业发展基金的决定，明确基金的性质为政策性基金，按市场化原则操作，重点支持种子期、初创期成长型中小企业发展。为此，修订草案对该条款做了补充细化，同时规定县级以上地方人民政府可以根据实际情况设立中小企业发展基金。

（五）关于创业创新和市场开拓

许多地方和企业反映，现行法律在支持中小企业创业创新和市场开拓方面规定得比较原则，建议补充细化有关扶持规定，加大支持力度。为此，修订草案规定：一是改善企业创业环境，优化审批流程，实现小型微型企业行政许可便捷；二是规定政府为创业者提供法律法规、工商财税、社会保险等方面的咨询服务，鼓励引导社会服务机构为小型微型企业提供创业培训等综合服务，鼓励发展为小型微型企业创业提供服务的互联网平台；三是完善知识产权保护，减轻微型企业申请和维护知识产权的费用等负担；四是鼓励中小企业参与产业共性关键技术研发、标准制定和国家科研项目实施，支持中小企业行业协会、商会等参与标准的制定；五是鼓励科研机构、高等学校和大型企业等向中小企业开放试验设施，开展技术研发与合作，帮助企业开发新产品，培养专业人才；六是鼓励互联网、大数据、云计算等现代技术手段在中小企业技术改造、转型升级和生产经营管理等方面的应用；七是规定政府采购应当优先安排向中小企业购买商品或者服务，提高小型微型企业在政府采购中的份额。

（六）关于社会服务

中小企业普遍反映政府公共服务和社会化服务体系和机制不健全，专业服务机构发展滞后，缺乏为中小企业提供人才培训、创业辅导、管理咨询、市场营销、技术开发和法律援助等服务的各类优质专业机构，支持服务体系建设的政策措施不完善，不能满足中小企业快速发展的需要，希望增加政府公共服务供给，同时注重发挥市场的作用，建立完善社会化服务体系，为中小企业提供服务保障。为此，修订草案规定：县级以上地方人民政府应当根据实际需要建立和完善中小企业公共服务机构，为中小企业提供公益性服务；国家鼓励各类社会专业服务机构为中小企业提供创业辅导、信息咨询、信用服务、投资融资、人才引进、法律咨询和维权服务等专业服务。

中小企业普遍反映，各级各类政府部门服务信息零散、庞杂，不好找、不好用，信息化服务水平不高。为此，修订草案规定：国家统计部门应当建立健全中小企业统计调查制度，加强监测分析，定期发布有关信息；各级政府中小企业促进工作综合协调部门的网站，应当汇集并提供涉及中小企业的法律法规、政策及创业、创新、金融、市场、权益保护等各类政务服务信息供免费查询。同时还规定各级人民政府其他部门的网站应当提供本部门涉及中小企业的法律法规、政策措施等各类政务服务信息。

（七）关于监督检查

修订草案对保护中小企业合法权益、改进政府的服务等做了各项规定，并明确责任追究：一是各级人民政府及有关部门应当将中小企业工作评价列入年度考核范围；各级人民政府应当定期对本法的实施情况进行检查，对违反本法的行为及时进行纠正，对相关责任人员依法给予行政处分；县级以上人民政府应当定期向同级人民代表大会常务委员会报告中小企业促进工作情况和本法各项规定的实施情况。二是县级以上人民政府建立中小企业发展专项资金使用和效果的审计检查、企业评价、社会评价机制和资金使用动态评估制度。三是中小企业促进工作综合协调部门应当建立专门渠道，听取中小企业对政府相关管理工作的意见和建议，并及时向相关部门反馈，督促改进。

此外，起草过程中，一些专家提出现行法律适用范围过于宽泛，影响了法律实施效果，建议将法律适用对象调整为小型微型企业，相应将法名改为《小微企业促进法》。我们研究认为，中型企业在发展中同样面临很多问题，需要政策扶持。同时，中型企业数量占比不高，并不影响法律实施效果。关键是要根据不同行业的具体情况，科学合理制定中型、小型和微型企业划分标准，明确小型微型企业是扶持重点。建议继续保留原法名，同时将有关促进政策向小型微型企业倾斜。

《中华人民共和国中小企业促进法（修订草案）》及以上说明是否妥当，请审议。

中华人民共和国
疫苗管理法

中国法制出版社

中华人民共和国疫苗管理法
ZHONGHUA RENMIN GONGHEGUO YIMIAO GUANLI FA

经销/新华书店
印刷/河北鑫兆源印刷有限公司
开本/850 毫米×1168 毫米　32 开　　印张/1.5　字数/23.5 千
版次/2019 年 6 月第 1 版　　2020 年 2 月第 3 次印刷

中国法制出版社出版
书号 ISBN 978-7-5216-0301-9　　定价：6.00 元

北京西单横二条 2 号
邮政编码 100031　　传真：010-66031119
网址：http：//www.zgfzs.com　　编辑部电话：010-66075800
市场营销部电话：010-66033393　　邮购部电话：010-66033288

目　　录